SWU-800-019

Das Deutsche Heer des Kaiserreiches zur Jahrhundertwende 1871-1918 band 4

LUCA STEFANO CRISTINI
ILLUSTRATIONEN VON R.KNOTEL

Deutsche & English text

SOLDIERSHOP PUBLISHING

AUTHORS

Richard Knötel (January 12, 1857 – April 26, 1914) was one of the most important German artist and pioneer of the study of military uniform. was born in Glogau in 1857. His father, August Knötel, was an art teacher and gave him lessons in drawing and painting from an early age. In this time, Knötel developed an interest in military fashion and history. By late adolescence, he was already employed as an illustrator for the graphics-based newspaper; Illustrierte Zeitung, as well as for postcards and magazines. In 1880, with an established reputation, Knötel was entered into the Berlin Academy of Fine Arts. After his studies, he began collecting books concerning European military history (it is believed that by his death he owned over 9000 titles), and began work on his most famous piece; Uniformenkunde, a huge collection of plates concerning the armies of Europe from the 17th century to 1914. Uniformenkunde is still perhaps the most widely referenced piece of work the study of military attire of the early modern era, and is still used as a source today. As well as an illustrator, Knötel was a talented painter, who was renowned throughout Germany for his military subjects. He died in Berlin in 1914, and is buried in Saint Matthew's Cemetery in the city.

Luca Stefano Cristini born 21 May 1958 in Bergamo (North Italy) It is the author of several titles in Soldiershop series.

PUBLISHING'S NOTE

None of **unpublished** images or text of our book may be reproduced in any format without the expressed written permission of Soldiershop.com when not indicate as marked with license creative commons 3.0 or 4.0. The publisher remains to disposition of the possible having right for all the doubtful sources images or not identifies. Our trademark: Soldiershop Publishing @, The names of our series: Soldiers&Weapons, Battlefield, War in colour, PaperSoldiers, Soldiershop e-book etc. are herein @ by Soldiershop.com.

NOTE ABOUT BOOK PRINTING BEFORE 1925

This book may contain text or images coming from a reproduction of a book published before 1925 (over seventy years ago). No effort has been made to modernize or standardize the spelling used in the original text, so this book may have occasional imperfections such as missing or blurred pages, poor pictures, errant marks, etc. that were either part of the original artifact, or were introduced by the scanning process. We believe this work is culturally important, and despite the imperfections, have elected to bring it back into print (digital and/or paper) as part of our continuing commitment to the preservation of printed works worldwide. We appreciate your understanding of the imperfections in the preservation process, and hope you enjoy this valuable book. Now this book is purpose re-built and is proof-read and re-type set from the original to provide an outstanding experience of reflowing text, also for an ebook reader. However Soldiershop publishing added, enriched, revised and overhauled the text, images, etc. of the cover and the book. Therefore, the job is now to all intents and purposes a derivative work, and the added, new and original parts of the book are the copyright of Soldiershop. On this second unpublished part of the book none of images or text may be reproduced in any format without the expressed written permission of Soldiershop. Almost many of the images of our books and prints are taken from original first edition prints or books that are no longer in copyright and are therefore public domain. We have been a specialized bookstore for a long time so we (and several friends antiquarian booksellers) have readily available a lot of ancient, historical and illustrated books not in copyright. Each of our prints, art designs or illustrations is either our own creation, or a fully digitally restoration by our computer artists, or non copyrighted images. All of our prints are "tagged" with a registered digital copyright. Soldiershop remains to disposition of the possible having right for all the doubtful sources images or not identifies.

LICENSES COMMONS

This book may utilize material marked with license creative commons 3.0 or 4.0 (CC BY 4.0), (CC BY-ND 4.0), (CC BY-SA 4.0) or (CC0 1.0). We give appropriate attribution credit and indicate if change were made below in the acknowledgements field.

ACKNOWLEDGEMENTS

A Special Thanks to NYPL and other institutions for their kindly permission to use some images of his archives, collections or books used in our book.

Title: **DAS DEUTSCHE HEER DES KAISERREICHES ZUR JAHRHUNDERTWENDE 18171-1918 - BAND 4**
By Luca S. Cristini. Plates by Richard Knötel. First edition by Soldiershop. April 2020
Cover & Art Design: Luca S. Cristini. ISBN code: 978-88-93275712
Published by Luca Cristini Editore, via Orio 35/4- 24050 Zanica (BG) ITALY. www.soldiershop.com

DAS DEUTSCHE HEER DES KAISERREICHES ZUR JAHRHUNDERTWENDE 1871-1918

BAND 4

XIV, XV, XVI, XVII UND XVIII ARMEE-KORPS

LUCA STEFANO CRISTINI
ILLUSTRATIONEN VON R. KNÖTEL
*
SWU-800-019

Paul Von Hindenburg (1847-1934)

DEUTSCHES HEER (DEUTSCHES KAISERREICH)

Deutsches Heer war die offizielle Bezeichnung der Landstreitkräfte des Deutschen Kaiserreiches von 1871 bis 1918. Die Verfassung des Deutschen Reiches verwendet daneben noch den Begriff „Reichsheer" in Anlehnung an das Bundesheer des Norddeutschen Bundes.

Oberbefehlshaber des Deutschen Heeres war der Kaiser. Die Truppenkontingente der deutschen Bundesstaaten standen aufgrund von Militärkonventionen unter preußischem Kommando oder waren ins preußische Heer eingegliedert. Ausnahmen waren die Heere der Königreiche Bayern, Sachsen und Württemberg. Diese Staaten hatten sich beim Beitritt zum Norddeutschen Bund sogenannte Reservatrechte ausgehandelt oder entsprechende Regelungen mit Preußen vereinbart. Das bayerische, sächsische und das württembergische Heer stand im Frieden unter dem Befehl seines jeweiligen Landesherren. Ihre Verwaltung unterstand eigenen Kriegsministerien. Das sächsische und das württembergische Heer bildeten jeweils ein in sich geschlossenes Armeekorps innerhalb des deutschen Heeres. Das bayerische Heer stellte drei eigene Armeekorps und stand bei der Nummerierung der Truppenteile außerhalb der Zählung des restlichen Heeres. Die Kontingente der kleineren deutschen Staaten bildeten in der Regel geschlossene Verbände innerhalb des preußischen Heeres. Württemberg stellte zu Ausbildungszwecken Offiziere zum preußischen Heer ab. Lediglich Bayern verfügte neben Preußen über eine eigene Kriegsakademie. Die Trennung nach Herkunftsstaaten wurde unter den Notwendigkeiten des Ersten Weltkrieges zwar gelockert, aber nicht aufgegeben.

Der Kaiser hatte auch im Frieden das Recht, die Präsenzstärke festzulegen, die Garnisonen zu bestimmen, Festungen anzulegen und für einheitliche Organisation und Formation, Bewaffnung und Kommando sowie Ausbildung der Mannschaften und Qualifikation der Offiziere zu sorgen. Das Militärbudget wurde durch die Parlamente der einzelnen Bundesstaaten festgelegt. Als Streitkräfte außerhalb des Heeres standen die Schutztruppen der deutschen Kolonien und Schutzgebiete und die Marine einschließlich ihrer drei Seebataillone unter direktem Oberbefehl des Kaisers und der Verwaltung des Reichs.

The Imperial German Army (German: Deutsches Heer) was the unified ground and air force of the German Empire (excluding the maritime aviation formations of the Imperial German Navy). The term Deutsches Heer is also used for the modern German Army, the land component of the Bundeswehr. The German Army was formed after the unification of Germany under Prussian leadership in 1871 and dissolved in 1919, after the defeat of the German Empire in World War I. The states that made up the German Empire contributed their armies; within the German Confederation, formed after the Napoleonic Wars, each state was responsible for maintaining certain units to be put at the disposal of the Confederation in case of conflict. When operating together, the units were known as the Federal Army (Bundesheer). The Federal Army system functioned during various conflicts of the 19th century, such as the First Schleswig War from 1848–50 but by the time of the Second Schleswig War of 1864, tension had grown between the main powers of the confederation, the Austrian Empire and the Kingdom of Prussia and the German Confederation was dissolved after the Austro-Prussian War of 1866. Prussia formed the North German Confederation and the treaty provided for the maintenance of a Federal Army and a Federal Navy (Bundesmarine or Bundeskriegsmarine). Further laws on military duty also used these terms.[2] Conventions (some later amended) were entered into between the North German Confederation and its member states, subordinating their armies to the Prussian army in time of war, and giving the Prussian Army control over training, doctrine and equipment. Shortly after the outbreak of the Franco-Prussian War in 1870, the North German Confederation also entered into conventions on military matters with states that were not members of the confederation, namely Bavaria, Württemberg, and Baden.[b] Through these conventions and the 1871 Constitution of the German Empire, an Army of the Realm (Reichsheer) was created. The contingents of the Bavarian, Saxon and Württemberg kingdoms remained semi-autonomous, while the Prussian Army assumed almost total control over the armies of the other states of the Empire. The Constitution of the German Empire, dated April 16, 1871, changed references in the North German Constitution from Federal Army to either Army of the Realm (Reichsheer) or German Army (Deutsches Heer).

INHALT

*

Deutsches Heer (Deutsches Kaiserreich) 5

Militärische Ausbildung, Alltag und Rekrutierung 7

TAFELBAND

XIV Armee-Korps (Preussen) 13

XV Armee-Korps (Preussen) 29

XVI Armee-Korps (Preussen) 43

XVII Armee-Korps (Preussen) 59

XVIII Armee-Korps (Preussen) 73

MILITÄRISCHE AUSBILDUNG, ALLTAG UND REKRUTIERUNG

ALLGEMEINES

Jedes Armeekorps hatte seinen eigenen Ersatzbezirk, aus dem der Personalbedarf zum allergrößten Teil gedeckt wurde. Die allgemeine Wehrpflicht war aus heutiger Sicht in dem sich rapide modernisierenden deutschen Kaiserreich ein wichtiger Integrationsfaktor. Bei rund 200.000 bis 300.000 jährlich eingezogenen Männern wurden längst nicht alle Wehrpflichtigen gezogen; Rekruten vom Land waren deutlich bevorzugt. Die Einziehungsquote von „Großstädtern" oder Arbeitern war dagegen deutlich niedriger. Die jungen Männer erlebten eine Organisation mit strenger Disziplin, in der versucht wurde, Gerechtigkeit zu praktizieren. Die Anforderungen und Bedingungen des Dienstes waren im Allgemeinen hart. Missstände und Übergriffe gegen Wehrpflichtige wurden aber zunehmend von der Presse aufgegriffen und teilweise sogar im Reichstag diskutiert. Die obere Führung sah sich veranlasst, den gröbsten Fehlentwicklungen gegenzusteuern. Der Dienst im Heer wurde im Laufe des 19. Jahrhunderts deutlich attraktiver und so meldeten sich 1912 bereits 64.000 Männer freiwillig.

Die Masse der Unteroffiziere ging aus den Reihen der Kapitulanten hervor – Wehrpflichtige, die ihren zweijährigen Wehrdienst freiwillig um ein Jahr verlängert hatten. Ein Aufstieg zum Offizier war so gut wie ausgeschlossen. So dienten die meisten zwölf Jahre und wurden dann als sogenannte „Militäranwärter" vorrangig in der gesamten unteren zivilen Verwaltung, bei Post und Eisenbahn usw. untergebracht.

Beim Offiziersnachwuchs musste immer mehr auf nichtadlige Bevölkerungsschichten zurückgegriffen werden. Voraussetzung war in Preußen für den Offiziersbewerber die Primareife, in Bayern das Abitur, vor dem Ersten Weltkrieg hatten aber bereits zwei Drittel der Offiziersbewerber das Abitur. 1913 waren 70 Prozent der Offiziere Bürgerliche.

Das Offizierskorps hatte vor allem in Preußen eine herausragende gesellschaftliche Stellung inne, weniger in den süddeutschen Bundesstaaten. So war in Preußen bereits der Leutnant hoffähig, in Bayern erst der Stabsoffizier. Das Renommée des Offiziers war hoch, beispielsweise wegen der großen Bedeutung der durch das Militär erkämpften Einheit Deutschlands. Dementsprechend stand in bürgerlichen Kreisen eine Reserveoffizierslaufbahn hoch im Kurs.

Wilhelm II. hatte nachdrücklich betont, dass die Reserveoffiziere nur den sogenannten „offizierfähigen Schichten" entnommen werden sollten. Juden zählten aufgrund eines ungeschriebenen Gesetzes nicht dazu. Nur in der bayerischen Armee war es ihnen möglich, Reserveoffizier zu werden.

Jeder Offizier war verpflichtet, die Standesehre zu wahren und zu verteidigen. Sie war nicht nur etwas Persönliches und Individuelles, sondern Gemeingut des gesamten Korps. Die Standesehre beinhaltete Treue gegenüber dem Monarchen und Volk und Vaterland, das „preußische" Pflichtbewusstsein unter dem Überbegriff des „Dienens", aber auch Treue nach unten, eine persönliche Fürsorgepflicht für seine Untergebenen. Dieser Ehrbegriff führte zu einem homogenen Offizierskorps, das über einheitliche Normen und Wertvorstellungen verfügte.

WEHRPFLICHT

Jeder Deutsche – sofern tauglich und nicht wegen entehrender Strafen ausgeschlossen – war vom vollendeten 17. bis zum vollendeten 45. Lebensjahr wehrpflichtig. Jeder Wehrpflichtige konnte vom 20. bis zum 39. Lebensjahr zum Dienst im Heer oder der Marine herangezogen werden.

Die Dienstpflicht gliederte sich in:
1. die aktive Dienstpflicht
2. die Reservepflicht

3. die Landwehrpflicht
4. die Ersatz-Reserve-Pflicht.

Wer keiner dieser Kategorien angehörte, gehörte zum Landsturm.

Die aktive Dienstpflicht dauerte seit 1893 bei der Infanterie und allen übrigen Fußtruppen zwei Jahre, bei der Kavallerie und der reitenden Artillerie drei Jahre, beim Train ein oder zwei Jahre und bei der Marine drei Jahre. Junge Männer, die eine wissenschaftliche Befähigung (zum Beispiel Zeugnis nach einjährigem Besuch der Untersekunda, Reifezeugnis) nachweisen konnten oder die Einjährigen-Prüfung bestanden hatten, sowie finanziell in der Lage waren, sich selbst einzukleiden, konnten ihrer Dienstpflicht als sogenannte Einjährig-Freiwillige genügen. Sie mussten sich zwischen dem vollendeten 17. und 23. Lebensjahr freiwillig melden. Die Prüfung erstreckte sich auf drei Sprachen (Deutsch und zwei Fremdsprachen) sowie Geographie, Geschichte, Literatur, Mathematik, Physik und Chemie. Die Einstellung erfolgte zum 1. Oktober eines jeden Jahres, ausnahmsweise auch zum 1. April eines Jahres. Die Einjährig-Freiwilligen durften – sofern möglich – sich den Truppenteil selbst aussuchen und dienten ein Jahr. Nach sechs Monaten aktiver Dienstzeit konnten sie zum Gefreiten befördert werden. Die Einjährig-Freiwilligen wurden, sofern sie sich eigneten, zu Offizieren der Reserve und der Landwehr ausgebildet, ansonsten zu Unteroffizieren der Reserve und Landwehr.

Die aus dem aktiven Dienst Entlassenen traten zur Reserve über. Die Reservpflicht dauerte so lange, bis zusammen mit der aktiven Dienstpflicht sieben Jahre erreicht waren. Reservisten waren zur Teilnahme an Übungen von acht Wochen Dauer verpflichtet.

Bei der Landwehr gab es das erste und das zweite Aufgebot. Nach der Reservezeit trat man zum ersten Aufgebot über. Bei bis zu zweijährigem aktivem Dienst dauerte die Dienstpflicht fünf Jahre.

Militär Informtions Postkarten: XIII Kön. Württemberg Armee-Korps

Männer mit mindestens dreijährigem Aktivdienst verblieben nur drei Jahre im ersten Aufgebot. Die Männer des ersten Aufgebotes konnten zu Übungen herangezogen werden. Landwehrleute gehörten bis zum 31. März des Jahres, in welchem sie das 39. Lebensjahr vollendeten, zum zweiten Aufgebot. Für diejenigen, die vor dem 20. Lebensjahr mit dem Dienst begonnen hatten, endete die Dienstpflicht entsprechend früher.

Männer, die zwar tauglich gemustert, aber nicht zum aktiven Wehrdienst herangezogen worden waren, wurden, soweit Bedarf vorlag, zur Ersatz-Reserve überwiesen. Diese Mannschaften waren zur Ergänzung des Heeres im Kriegsfalle bestimmt. Der Personenkreis war sehr umfangreich, denn 1914 war fast die Hälfte aller Tauglichen jedes Jahrgangs nicht zum Aktivdienst einberufen worden. Die Ersatzreservepflicht dauerte zwölf Jahre, vom 20. bis zum 32. Lebensjahr.

Alle Personen vom 17. bis zum vollendeten 45. Lebensjahr, die nicht zu den obigen Gruppen gehörten und wehrwürdig oder -fähig waren, gehörten zum Landsturm. Außerdem wurden die Angehörigen der Landwehr nach dem vollendetem 39. Lebensjahr und die ungeübten Ersatzreservisten nach dem vollendetem 32. Lebensjahr dem Landsturm überwiesen. Geregelt wurde es nach den Paragraphen 14 und 20 der Deutschen Wehrordnung vom 22. November 1888. Übungen gab es in Friedenszeiten nicht.

Jedes Armeekorps hatte einen eigenen Ersatzbezirk, aus dem die korpsangehörigen Truppen in erster Linie ergänzt wurden. Die Korpsbezirke waren weiter untergliedert in Landwehrbezirke, geführt von einem Bezirkskommando. Die Landwehrbezirke wiederum setzten sich aus mehreren unteren Verwaltungsbezirken (preußischen Landkreisen, bayerischen Bezirksämtern, sächsischen Amtshauptmannschaften usw.) zusammen. Darüber hinaus waren Meldeämter und Hauptmeldeämter zur Überwachung der Wehrpflichtigen eingerichtet. Das Gardekorps hatten keinen eigenen Korpsbezirk, der ausgesuchte Mannschaftsersatz der preußischen Garde kam aus ganz Preußen und den weiteren Bundesstaaten Nord- und Mitteldeutschlands.

Der Wehrdienst begann im Oktober eines jeden Jahres. Die Vereidigung erfolgte, nach dem Verlesen der Kriegsartikel und Vorbereitung durch Geistliche, konfessionsweise in den Kirchen und Synagogen, mit der Hand auf der Fahne oder bei der Artillerie auf der Kanone. Jeder Bundesstaat hatte eine eigene Eidesformel. Die Vereidigung erfolgte auf den jeweiligen Landesherrn und den Kaiser. Elsässer und Lothringer wurden nur auf den Kaiser vereidigt. Leisteten Wehrpflichtige in einem anderen Bundesstaat ihren Wehrdienst ab, leisteten sie den Eid ihres eigenen Bundesstaates mit Belehrung, dem Landesherrn ihres Truppenteiles ebenfalls verpflichtet zu sein.

Es gab die Möglichkeit, sich freiwillig zu zwei-, drei- oder vierjährigem aktiven Dienst zu melden – mit dem Vorteil, die bevorzugte Waffengattung wählen zu dürfen, anstatt zugeteilt zu werden. Auch konnte der Wehrdienst freiwillig verlängert werden, diese Freiwilligen hießen dann Kapitulanten, aus ihnen wurden bevorzugt die Unteroffiziere rekrutiert.

Unteroffiziere, die nach zwölfjähriger Dienstzeit ausschieden, erhielten einen Zivilversorgungsschein, der ihnen eine bevorzugte Einstellung im Staatsdienst ermögliche. Darüber hinaus erhielten Verabschiedete eine Dienstprämie (Unteroffiziersprämie) von (1911) 1000 Mark.

LEBENSVERHÄLTNISSE IM DEUTSCHEN HEER

Verdienst und Unterhalt um 1900

Das Einkommen (Löhnung) der Mannschaften[A 3] und Unteroffiziere bestand aus der alle zehn Tage im Voraus gezahlten Löhnung sowie dem Brotgeld, dem Beköstigungsgeld und der Bekleidung und Wohnung mit Heizung, Beleuchtung usw. In besonderen Fällen wurde hierfür eine finanzielle Entschädigung gezahlt. Dazu kostenlose ärztliche Behandlung und Arzneien. Verheiratete Unteroffiziere bekamen auch für ihre Familie kostenlose ärztliche Behandlung und Arzneien.

Einige Unteroffiziere, wie z. B. Wallmeister und Zeugfeldwebel, bekamen ähnlich den Offizieren ein monatliches Gehalt.

Dienstgrad	Gehalt oder Löhnung	Beköstigungsgeld bzw. Servis	Wohnungsgeldzuschuß
Mannschaften und Unteroffiziere – Löhnung monatlich in Mark			
Gemeine	6,60 *	ca. 9	Unterkunft wird gestellt
Gefreiter	8,10		
Unteroffizier	21,60	ca. 13	
Sergeant	32,10		
Vizefeldwebel	41,10		
Feldwebel	56,10		
Offiziere Gehalt jährlich in Mark			
Zeugfeldwebel (kein Offizier, aber Gehaltsempfänger)	1104 bis 1404	300	Dienstwohnung
Leutnant	900 bis 1188	288 bis 420	216 bis 420 (unverheiratete Leutnante 6 Tischgeld)
Hauptleute und Rittmeister II. Klasse	3900	432 bis 972	360 bis 900
Hauptleute und Rittmeister I. Klasse			
Stabsoffiziere (kein Regimentskommandeur)	5850	594 bis 1314	540 bis 1200
Stabsoffiziere (als Regimentskommandeur)	7800		600 bis 1500
Kommandierender General	12.000	1188 bis 2520	Dienstwohnung mit Einrichtung

LEBENSUMSTÄNDE DER OFFIZIERE

Die finanziellen Verhältnisse der unteren Offiziersdienstgrade waren ausgesprochen karg. Die Leutnante waren auf Zulagen von zu Hause angewiesen. Je nach der Exklusivität des Regiments und des daraus resultierenden Lebensstiles waren Zulagen von 50 bis 200 Mark monatlich nötig. Von seinem Gehalt konnte ein Leutnant nicht leben. Dies sorgte natürlich auch für eine soziale Auswahl. Die angehenden Offiziere stammten in der Regel aus Familien, die zur finanziellen Unterstützung ihrer Söhne in der Lage waren.

Im Regelfall vergingen bis zur Beförderung zum Hauptmann rund zehn Jahre, die nächste Beförderung zum Major dauerte dann noch einmal rund 15 Jahre. Die wenigsten Offiziere schafften es bis zum Stabsoffizier. Die meisten verließen vorher das Heer, was jederzeit problemlos möglich war. Feste Verpflichtungszeiten gab es nicht.

Für eine Ehe wurde ein Jahreseinkommen von wenigstens 4000 M als notwendig angesehen, was erst der ältere Hauptmann erreichte. Vorher konnte der Offizier nur heiraten, wenn die Braut genügend Geld mit in die Ehe brachte. Für die Eheschließung musste eine vom Vorgesetzten erteilte „Heiratserlaubnis" vorliegen. Die finanzielle Lage war bei der Erteilung dieser Erlaubnis sehr wichtig, ebenso die „standesgemäße" Herkunft der Braut. Erst ab dem Hauptmann aufwärts wurden die Offiziersgehälter denen der höheren Beamten vergleichbar.

MILITARY TRAINING, EVERYDAY LIFE AND RECRUITMENT (ENGLISH)

General

Each army corps had its own replacement district, from which the personnel requirements were largely covered. From today's perspective, general conscription was an important factor of integration in the rapidly modernizing German Empire. With about 200,000 to 300,000 men drafted annually, not all conscripts were drawn; Country recruits were clearly preferred. In contrast, the recovery rate of "big cities" or workers was significantly lower. The young men experienced a strictly disciplined organization that tried to practice justice. The requirements and conditions of the service were generally tough. Grievances and abuses against conscripts were increasingly taken up by the press and sometimes even discussed in the Reichstag. The top management felt obliged to counteract the worst undesirable developments. Service in the army became significantly more attractive in the course of the 19th century, and 64,000 men volunteered in 1912.

The majority of the non-commissioned officers emerged from the ranks of the capitulators - conscripts who had voluntarily extended their two-year military service by one year. An ascent to the officer was almost impossible. This served most of the twelve years and was then placed as a so-called "military candidate" primarily in the entire lower civil administration, post office and railroad, etc.

Young officers had to resort increasingly to non-noble social classes. Prerequisite for the officer applicant was a prerequisite in Prussia, in Bavaria the Abitur, but before the First World War two thirds of the officer applicants already had the Abitur. In 1913, 70 percent of the officers were civilians. The officer corps held an outstanding social position, especially in Prussia, less so in the southern German states. In Prussia, the lieutenant was already capable of courting, in Bavaria only the staff officer. The officer's reputation was high, for example because of the great importance of military unity in Germany. Accordingly, a reserve officer career was very popular in bourgeois circles.

Wilhelm II had emphasized that the reserve officers should only be removed from the so-called "officer-capable classes". Jews were not included due to an unwritten law. Only in the Bavarian army were they able to become reserve officers.

Every officer was obliged to uphold and defend his honor. It was not just something personal and individual, but common property of the entire corps. The civil honor included loyalty to the monarch and the people and the fatherland, the "Prussian" sense of duty under the umbrella term of "serving", but also loyalty downwards, a personal duty of care for his subordinates. This concept of honor led to a homogeneous officer corps with uniform norms and values.

Conscription

Every German - if suitable and not excluded because of dishonorable punishments - was conscripted from the age of 17 to the age of 45. Every conscript could be used for service in the army or navy from the age of 20 to 39.

The compulsory service was divided into:
1. active duty
2. the reserve requirement
3. the military service obligation
4. the replacement reserve obligation.

Those who did not belong to any of these categories belonged to the Landsturm.

Since 1893, active duty has lasted two years for the infantry and all other foot troops, three years for the cavalry and mounted artillery, one or two years for the train and three years for the navy.

Young men who were able to prove their academic qualifications (for example, a certificate after a year of visiting the lower secondary school, high school diploma) or who had passed the one-year examination and who were financially capable of self-sufficient could fulfill their duty as so-called one-year volunteers. They had to be between the 17th and 23rd [18] Report your year of life voluntarily. The exam covered three languages (German and two foreign languages) as well as geography, history, literature, mathematics, physics and chemistry. The appointment took place on October 1 of each year, and exceptionally also on April 1 of a year. The one-year volunteers were allowed - if possible - to choose the troops themselves and served for one year. After six months of active service, they were promoted to private. The one-year volunteers were trained as officers of the reserve and the Landwehr, if they were suitable, otherwise as non-commissioned officers of the Reserve and Landwehr.

Those released from active service transferred to the reserve. The reserve requirement continued until seven years were achieved together with active duty. Reservists were required to participate in exercises lasting eight weeks.

The Landwehr had the first and second contingents. After the reserve period, the first contingent was transferred. For up to two years of active service, the duty to serve lasted five years. Men with at least three years of active service remained in the first contingent for only three years. The men in the first contingent could be used for exercises. Farmers belonged to the second contingent until March 31 of the year in which they turned 39. For those who started service before the age of 20, compulsory service ended earlier.

XIV ARMEE-KORPS (PREUSSEN)

28. Division in Karlsruhe
29. Division in Freiburg im Breisgau
Badisches Fußartillerie-Regiment Nr. 14
Badisches Pionier-Bataillon Nr. 14
Telegraphen-Bataillon Nr. 4
Badisches Train-Bataillon Nr. 14

28 division

55. Infanterie-Brigade in Karlsruhe
  1. Badisches Leib-Grenadier-Regiment Nr. 109 in Karlsruhe
  Grenadier-Regiment „Kaiser Wilhelm I." (2. Badisches) Nr. 110 in Mannheim und Heidelberg
56. Infanterie-Brigade in Rastatt
  Füsilier-Regiment „Fürst Karl-Anton von Hohenzollern" (Hohenzollernsches) Nr. 40 in Rastatt
  Infanterie-Regiment „Markgraf Ludwig Wilhelm" (3. Badisches) Nr. 111 in Rastatt
28. Kavallerie-Brigade in Karlsruhe
  1. Badisches Leib-Dragoner-Regiment Nr. 20 in Karlsruhe
  2. Badisches Dragoner-Regiment Nr. 21 in Bruchsal und Schwetzingen
28. Feldartillerie-Brigade in Karlsruhe
  Feldartillerie-Regiment „Großherzog" (1. Badisches) Nr. 14
  3. Badisches Feldartillerie-Regiment Nr. 50
Landwehr-Inspektion Karlsruhe

29 division

57. Infanterie-Brigade in Freiburg im Breisgau
  5. Badisches Infanterie-Regiment Nr. 113 in Freiburg im Breisgau (Karlskaserne, Erbgroßherzog-Friedrich-Kaserne)
  6. Badisches Infanterie-Regiment „Kaiser Friedrich III." Nr. 114 in Konstanz
58. Infanterie-Brigade in Mülhausen im Elsass
  4. Badisches Infanterie-Regiment „Prinz Wilhelm" Nr. 112 in Mülhausen
  7. Badisches Infanterie-Regiment Nr. 142 in Mülhausen im Elsass, II. Bataillon Müllheim in Baden
84. Infanterie-Brigade in Lahr
  8. Badisches Infanterie-Regiment Nr. 169 in Lahr und III. Bataillon Villingen
  9. Badisches Infanterie-Regiment Nr. 170 in Offenburg und III. Bataillon Donaueschingen
29. Kavallerie-Brigade in Mülhausen im Elsass
  3. Badisches Dragoner-Regiment „Prinz Karl" Nr. 22 in Mülhausen im Elsass
  Jäger-Regiment zu Pferde Nr. 5 in Mülhausen im Elsass
29. Feldartillerie-Brigade in Freiburg im Breisgau
  2. Badisches Feldartillerie-Regiment Nr. 30 in Rastatt
  5. Badisches Feldartillerie-Regiment Nr. 76 in Freiburg im Breisgau (Karlskaserne)

28. Division 55. Infanterie-Brigade 1. Badisches Leib-Grenadier-Regiment Nr. 109 in Karlsruhe

28.Division 55.Infanterie-Brigade Grenadier-Regiment „Kaiser Wilhelm I." (2.Badisches) Nr.110 in Mannheim und Heidelberg

28. Division 55. Infanterie-Brigade Infanterie-Regiment „Markgraf Ludwig Wilhelm" (3. Badisches) Nr. 111 in Rastatt

Badisches Fußartillerie-Regiment Nr. 14

28 Division 28 Kavallerie-Brigade 1. Badisches Leib-Dragoner-Regiment Nr. 20 in Karlsruhe

28 Division 28 Kavallerie-Brigade 2. Badisches Dragoner-Regiment Nr. 21 in Bruchsal und Schwetzingen

28. Division Feldartillerie-Regiment „Großherzog" (1. Badisches) Nr. 14

29. Division 57. Infanterie-Brigade 5. Badisches Infanterie-Regiment Nr. 113 in Freiburg im Breisgau (Karlskaserne, Erbgroßherzog-Friedrich-Kaserne)

29. Division. 57. Infanterie-Brigade. 6. Badisches Infanterie-Regiment „Kaiser Friedrich III." Nr. 114 in Konstanz.

29. Division 58. Infanterie-Brigade 4. Badisches Infanterie-Regiment „Prinz Wilhelm" Nr. 112 in Mülhausen

29.Division 84.Infanterie-Brigade 8.Badisches Infanterie-Regiment Nr. 169 in Lahr und III. Bataillon Villingen

28.Division 28.Kavallerie-Brigade 3. Badisches Dragoner-Regiment „Prinz Karl" Nr. 22 in Mülhausen im Elsass

29. Division 2. Badisches Feldartillerie-Regiment Nr. 30 in Rastatt

Badisches Pionier-Bataillon Nr. 14

Badisches Train-Bataillon Nr. 14

XV ARMEE-KORPS (PREUSSEN)

30. Division in Straßburg
39. Division in Colmar
Rheinisches Jäger-Bataillon Nr. 8 in Schlettstadt
Großherzoglich Mecklenburgisches Jäger-Bataillon Nr. 14 in Colmar
Festungs-Maschinengewehr-Abteilung Nr. 9 in Straßburg
Festungs-Maschinengewehr-Abteilung Nr. 10 in Mutzig
Niedersächsisches Fußartillerie-Regiment Nr. 10 in Hannover und Straßburg
Hohenzollernsches Fußartillerie-Regiment Nr. 13 in Ulm und Breisach
Kommando der Pioniere XV. Armee-Korps
    1. Elsässisches Pionier-Bataillon Nr. 15 in Straßburg
    2. Elsässisches Pionier-Bataillon Nr. 19 in Straßburg
Festungs-Fernsprech-Kompanie Nr. 4 in Straßburg
Flieger-Bataillon Nr. 4 in Straßburg, Metz und Freiburg im Breisgau
Elsässische Train-Abteilung Nr. 15 in Straßburg

30 division

60. Infanterie-Brigade in Straßburg
    2. Oberrheinisches Infanterie-Regiment Nr. 99 in Zabern und Pfalzburg
    4. Unter-Elsässisches Infanterie-Regiment Nr. 143 in Straßburg und Mutzig
85. Infanterie-Brigade in Straßburg
    4. Lothringisches Infanterie-Regiment Nr. 136 in Straßburg
    Infanterie-Regiment „König Wilhelm II. von Württemberg" (6. Königlich Sächsisches) Nr. 105 in Straßburg
30. Kavallerie-Brigade in Straßburg
    3. Schlesisches Dragoner-Regiment Nr. 15 in Hagenau
    2. Rheinisches Husaren-Regiment Nr. 9 in Straßburg
30. Feldartillerie-Brigade in Straßburg
    2. Ober-Elsässisches Feldartillerie-Regiment Nr. 51
    Straßburger Feldartillerie-Regiment Nr. 84
Landwehr-Inspektion Straßburg

39 division

61. Infanterie-Brigade in Straßburg
    1. Unter-Elsässisches Infanterie-Regiment Nr. 132 in Straßburg
    Infanterie-Regiment „Großherzog Friedrich von Baden" (8. Württembergisches) Nr. 126 in Straßburg
82. Infanterie-Brigade in Colmar
    2. Ober-Elsässisches Infanterie-Regiment Nr. 171[1] in Colmar
    3. Ober-Elsässisches Infanterie-Regiment Nr. 172 in Neubreisach
39. Kavallerie-Brigade in Colmar
    Kurmärkisches Dragoner-Regiment Nr. 14 in Colmar
    Jäger-Regiment zu Pferde Nr. 3 in Colmar
39. Feldartillerie-Brigade in Colmar
    4. Badisches Feldartillerie-Regiment Nr. 66 (vom XIV. Armee-Korps abkommandiert)
    3. Ober-Elsässisches Feldartillerie-Regiment Nr. 80

30. Division 60. Infanterie-Brigade 2. Oberrheinisches Infanterie-Regiment Nr. 99 in Zabern und Pfalzburg

30. Division 60. Infanterie-Brigade 4. Unter-Elsässisches Infanterie-Regiment Nr. 143 in Straßburg und Mutzig

30.Division 85.Infanterie brigade Infanterie-Regiment „König Wilhelm II. von Württemberg" (6. Königlich Sächsisches) Nr. 105 in Straßburg

Niedersächsisches Fußartillerie-Regiment Nr. 10 in Hannover und Straßburg

30 Division 30 Kavallerie brigade 3. Schlesisches Dragoner-Regiment Nr. 15 in Hagenau

30. Division 30. Kavallerie brigade 2. Rheinisches Husaren-Regiment Nr. 9 in Straßburg

39.-Division. 61. Infanterie brigade Infanterie-Regiment „Großherzog Friedrich von Baden" (8. Württembergisches) Nr. 126 in Straßburg

39.-Division. 82. Infanterie brigade 2. Ober-Elsässisches Infanterie-Regiment Nr. 171 in Colmar

39 Division 39 Kavallerie brigade Kurmärkisches Dragoner-Regiment Nr. 14 in Colmar

Hohenzollernsches Fußartillerie-Regiment Nr. 13 in Ulm und Breisach

Großherzoglich Mecklenburgisches Jäger-Bataillon Nr. 14 in Colmar

1. Elsässisches Pionier-Bataillon Nr. 15 in Straßburg

Elsässische Train-Abteilung Nr. 15 in Straßburg

XVI ARMEE-KORPS (PREUSSEN)

33. Division in Metz
34. Division in Metz
Maschinengewehr-Abteilung Nr. 6 in Metz
Festungs-Maschinengewehr-Abteilung Nr. 11 in Diedenhofen
Festungs-Maschinengewehr-Abteilung Nr. 12 in Metz
Festungs-Maschinengewehr-Abteilung Nr. 13 in Metz
Festungs-Maschinengewehr-Abteilung Nr. 14 in Metz
Festungs-Maschinengewehr-Abteilung Nr. 15 in Metz
Rheinisches Fußartillerie-Regiment Nr. 8 in Metz
Lothringisches Fußartillerie-Regiment Nr. 16 in Diedenhofen und Müllheim
1. Königlich Sächsisches Fußartillerie-Regiment Nr. 12 in Metz
Kommando der Pioniere XVI. Armee-Korps
   1. Lothringisches Pionier-Bataillon Nr. 16 in Metz
   2. Lothringisches Pionier-Bataillon Nr. 20 in Metz

33 division

  66. Infanterie-Brigade in Metz
    Metzer Infanterie-Regiment Nr. 98 in Metz
    1. Lothringisches Infanterie-Regiment Nr. 130 in Metz
  67. Infanterie-Brigade in Metz
    3. Lothringisches Infanterie-Regiment Nr. 135 in Diedenhofen
    5. Lothringisches Infanterie-Regiment Nr. 144 in Metz und Diedenhofen
  33. Kavallerie-Brigade in Metz
    Dragoner-Regiment „König Karl I. von Rumänien" (1. Hannoversches) Nr. 9 in Metz
    Schleswig-Holsteinisches Dragoner-Regiment Nr. 13 in Metz
  33. Feldartillerie-Brigade in Metz
    1. Lothringisches Feldartillerie-Regiment Nr. 33
    2. Lothringisches Feldartillerie-Regiment Nr. 34

34 division

  68. Infanterie-Brigade in Metz
    4. Magdeburgisches Infanterie-Regiment Nr. 67 in Metz
    Königs-Infanterie-Regiment (6. Lothringisches) Nr. 145 in Metz
  86. Infanterie-Brigade in Saarlouis
    Infanterie-Regiment „Graf Werder" (4. Rheinisches) Nr. 30 in Saarlouis
    9. Lothringisches Infanterie-Regiment Nr. 173 in St. Avold und Metz
  34. Kavallerie-Brigade in St. Avold
    2. Hannoversches Ulanen-Regiment Nr. 14 in St. Avold und Mörchingen
    Jäger-Regiment zu Pferde Nr. 12 in St. Avold
  45. Kavallerie-Brigade in Saarlouis
    Husaren-Regiment „König Humbert von Italien" (1. Kurhessisches) Nr. 13 in Diedenhofen
    Jäger-Regiment zu Pferde Nr. 13 in Saarlouis
  34. Feldartillerie-Brigade in St. Avold
    3. Lothringisches Feldartillerie-Regiment Nr. 69 St. Avold
    4. Lothringisches Feldartillerie-Regiment Nr. 70 Metz (I. Abtl.); Saarlouis (II.Abt./vorl. Bitsch-Truppenübungsplatz)

33.Division 66.Infanterie-Brigade Metzer Infanterie-Regiment Nr. 98 in Metz

33. Division 67. Infanterie-Brigade 3. Lothringisches Infanterie-Regiment Nr. 135 in Diedenhofen

33. Division 67. Infanterie-Brigade 5. Lothringisches Infanterie-Regiment Nr. 144 in Metz und Diedenhofen

33.Division 33.Kavallerie-Brigade Dragoner-Regiment „König Karl I. von Rumänien" (1. Hannoversches) Nr. 9 in Metz

33.Division 33.Kavallerie-Brigade Schleswig-Holsteinisches Dragoner-Regiment Nr. 13 in Metz.

34 Division 68 Infanterie-Brigade 4. Magdeburgisches Infanterie-Regiment Nr. 67 in Metz

34. Division 68. Infanterie-Brigade Königs-Infanterie-Regiment (6. Lothringisches) Nr. 145 in Metz

34. Division 86. Infanterie-Brigade 9. Lothringisches Infanterie-Regiment Nr. 173 in St. Avold und Metz

34.Division 34.Kavallerie-Brigade 2. Hannoversches Ulanen-Regiment Nr. 14 in St. Avold und Mörchingen

34.Division 45.Kavallerie-Brigade Husaren-Regiment „König Humbert von Italien" (1. Kurhessisches) Nr. 13 in Diedenhofen

heinisches Fußartillerie-Regiment Nr. 8 in Metz

33 Division 1. Lothringisches Feldartillerie-Regiment Nr. 33

1. Königlich Sächsisches Fußartillerie-Regiment Nr. 12 in Metz

1. Lothringisches Pionier-Bataillon Nr. 20 in Metz

Lothringische Train-Abteilung Nr. 16

XVII ARMEE-KORPS (PREUSSEN)

35. Division in Thorn
36. Division in Danzig
Jäger-Bataillon „Fürst Bismarck" (Pommersches) Nr. 2 in Kulm
Maschinengewehr-Abteilung Nr. 4 in Thorn
Festungs-Maschinengewehr-Abteilung Nr. 3 in Graudenz
Festungs-Maschinengewehr-Abteilung Nr. 4 in Graudenz
Festungs-Maschinengewehr-Abteilung Nr. 5 in Thorn
1. Westpreußisches Fußartillerie-Regiment Nr. 11 in Thorn
2. Westpreußisches Fußartillerie-Regiment Nr. 17 in Danzig und Pillau
1. Westpreußisches Pionier-Bataillon Nr. 17 in Thorn
Telegraphen-Bataillon Nr. 5 vorläufig in Klausdorf-Sperenberg
Festungs-Fernsprech-Kompanie Nr. 1 in Thorn
Festungs-Fernsprech-Kompanie Nr. 2 in Graudenz
Westpreußische Train-Abteilung Nr. 17 in Danzig

35 division

70. Infanterie-Brigade in Thorn
   Infanterie-Regiment „von Borcke" (4. Pommersches) Nr. 21 in Thorn
   Infanterie-Regiment „von der Marwitz" (8. Pommersches) Nr. 61 in Thorn
87. Infanterie-Brigade in Thorn
   Kulmer Infanterie-Regiment Nr. 141 in Graudenz und Strasburg in Westpreußen (III. Bataillon)
   9. Westpreußisches Infanterie-Regiment Nr. 176 in Kulm und Thorn (II. Bataillon)
35. Kavallerie-Brigade in Graudenz
   Husaren-Regiment „Fürst Blücher von Wahlstatt" (Pommersches) Nr. 5 in Stolp
   Jäger-Regiment zu Pferde Nr. 4 in Graudenz
35. Feldartillerie-Brigade in Graudenz
   Feldartillerie-Regiment „Groß-Komtur" Nr. 71 in Graudenz
   Thorner Feldartillerie-Regiment Nr. 81 in Thorn und Hammerstein (II. Abteilung, vorläufig)
Landwehr-Inspektion Graudenz

36 division

69. Infanterie-Brigade in Graudenz
   3. Westpreußisches Infanterie-Regiment Nr. 129 in Graudenz
   8. Westpreußisches Infanterie-Regiment Nr. 175 in Graudenz und Schwetz (III. Bataillon)
71. Infanterie-Brigade in Danzig
   Grenadier-Regiment „König Friedrich I." (4. Ostpreußisches) Nr. 5 in Danzig
   Danziger Infanterie-Regiment Nr. 128 in Danzig und Neufahrwasser (III. Bataillon)
Leib-Husaren-Brigade in Danzig
   1. Leib-Husaren-Regiment Nr. 1 in Danzig-Langfuhr
   2. Leib-Husaren-Regiment „Königin Viktoria von Preußen" Nr. 2 in Danzig-Langfuhr
36. Feldartillerie-Brigade in Danzig
   2. Westpreußisches Feldartillerie-Regiment Nr. 36 in Danzig
   Feldartillerie-Regiment „Hochmeister" Nr. 72 in Marienwerder und Preußisch Stargard (I. Abteilung)

35.Division 70.Infanterie-Brigade Infanterie-Regiment „von Borcke" (4. Pommersches) Nr. 21 in Thorn

35.Division 87.Infanterie-Brigade Kulmer Infanterie-Regiment Nr. 141 in Graudenz und Strasburg in Westpreußen (III. Bataillon)

35. Division 35. Kavallerie-Brigade Husaren-Regiment „Fürst Blücher von Wahlstatt" (Pommersches) Nr. 5 in Stolp

36.Division 69.Infanterie-Brigade 3.Westpreußisches Infanterie-Regiment Nr.129 in Graudenz

36. Division 69. Infanterie-Brigade 8. Westpreußisches Infanterie-Regiment Nr. 175 in Graudenz und Schwetz (3. Bataillon)

36.Division 71.Infanterie-Brigade Grenadier-Regiment „König Friedrich I." (4.Ostpreußisches) Nr.5 in Danzig

36.Division 71.Kavallerie-Brigade Danziger Infanterie-Regiment Nr. 128 in Danzig und Neufahrwasser (3.Bataillon)

36.Division 2.Westpreußisches Feldartillerie-Regiment Nr. 36 in Danzig

36. Division Leib-Husaren-Brigade 1. Leib-Husaren-Regiment Nr. 1 in Danzig-Langfuhr

36. Division Leib Husaren - Brigade 2. Leib-Husaren-Regiment „Königin Viktoria von Preußen" Nr. 2 in Danzig-Langfuhr

1. Westpreußisches Fußartillerie-Regiment Nr. 11 in Thorn

1. Westpreußisches Pionier-Bataillon Nr. 17 in Thorn

Westpreußische Train-Abteilung Nr. 17 in Danzig

XVIII ARMEE-KORPS (PREUSSEN)

21. Division in Frankfurt am Main
    41. Infanterie-Brigade in der Festung Mainz
    42. Infanterie-Brigade in Frankfurt am Main
    21. Kavallerie-Brigade in Frankfurt am Main
    21. Feldartillerie-Brigade in Frankfurt am Main
Großherzoglich Hessische (25.) Division in Darmstadt
    49. Infanterie-Brigade (1. Großherzoglich Hessische) in Darmstadt
    50. Infanterie-Brigade (2. Großherzoglich Hessische) in Mainz
    25. Kavallerie-Brigade (Großherzoglich Hessische) in Darmstadt
    25. Feldartillerie-Brigade (Großherzoglich Hessische) in Darmstadt
Großherzoglich Hessisches Train-Bataillon Nr. 18 in Darmstadt

21 division

41. Infanterie-Brigade in Mainz
  1. Nassauisches Infanterie-Regiment Nr. 87 in Mainz[1]
  2. Nassauisches Infanterie-Regiment Nr. 88 in Mainz-Kastel[2] und Hanau
42. Infanterie-Brigade in Frankfurt am Main
  Füsilier-Regiment „von Gersdorff" (Kurhessisches) Nr. 80 in Wiesbaden[3] und Homburg vor der Höhe
  Infanterie-Regiment Landgraf Friedrich I. von Hessen-Cassel (1. Kurhessisches) Nr. 81 in Frankfurt am Main
21. Kavallerie-Brigade in Frankfurt am Main
  Magdeburgisches Dragoner-Regiment Nr. 6 in Mainz[1]
  Thüringisches Ulanen-Regiment Nr. 6 in Hanau
21. Feldartillerie-Brigade in Frankfurt am Main
  Feldartillerie-Regiment „Oranien" (1. Nassauisches) Nr. 27 in Mainz-Gonsenheim[4] und Wiesbaden[3]
  Feldartillerie-Regiment „Frankfurt" (2. Nassauisches) Nr. 63 in Mainz-Kastel[2] und Frankfurt am Main
1. Nassauisches Pionier-Bataillon Nr. 21 in Kastel[2]
2. Nassauisches Pionier-Bataillon Nr. 25 in Mainz-Kastel

25 division

49. Infanterie-Brigade (1. Großherzoglich Hessische) in Darmstadt
  Leibgarde-Infanterie-Regiment (1. Großherzoglich Hessisches) Nr. 115 in Darmstadt
  Infanterie-Regiment „Kaiser Wilhelm" (2. Großherzoglich Hessisches) Nr. 116 in Gießen
  5. Großherzoglich Hessisches Infanterie-Regiment Nr. 168 in Offenbach am Main, Butzbach und Friedberg
50. Infanterie-Brigade (2. Großherzoglich Hessische) in Mainz
  Infanterie-Leib-Regiment „Großherzogin" (3. Großherzoglich Hessisches) Nr. 117 in Mainz
  Infanterie-Regiment „Prinz Carl" (4. Großherzoglich Hessisches) Nr. 118 in Worms
25. Kavallerie-Brigade (Großherzoglich Hessische) in Darmstadt
  Garde-Dragoner-Regiment (1. Großherzoglich Hessisches) Nr. 23 in Darmstadt
  Leib-Dragoner-Regiment (2. Großherzoglich Hessisches) Nr. 24 in Darmstadt
25. Feldartillerie-Brigade (Großherzoglich Hessische) in Darmstadt
  1. Großherzoglich Hessisches Feldartillerie-Regiment Nr. 25 in Darmstadt
  2. Großherzoglich Hessisches Feldartillerie-Regiment Nr. 61
Großherzoglich Hessisches Train-Bataillon Nr. 18
Großherzoglich Hessische Garde-Unteroffiziers-Kompanie

21.Division 42.Infanterie-Brigade Füsilier-Regiment „von Gersdorff" (Kurhessisches) Nr. 80 in Wiesbaden[3] und Homburg vor der Höhe

21.Division 21.Kavallerie-Brigade Magdeburgisches Dragoner-Regiment Nr. 6 in Mainz

21.Division 21.Kavallerie-Brigade Thüringisches Ulanen-Regiment Nr. 6 in Hanau

1. Nassauisches Pionier-Bataillon Nr. 21 in Kastel

25 Division 49 Infanterie-Brigade Leibgarde-Infanterie-Regiment (1. Großherzoglich Hessisches) Nr. 115 in Darmstadt

25. Division 49. Infanterie-Brigade Infanterie-Regiment „Kaiser Wilhelm" (2. Großherzoglich Hessisches) Nr. 116 in Gießen

25.Division 49.Infanterie Brigade 5. Großherzoglich Hessisches Infanterie-Regiment Nr. 168 in Offenbach am Main, Butzbach und Friedberg

25. Division 50. Infanterie Brigade Infanterie-Leib-Regiment „Großherzogin" (3. Großherzoglich Hessisches) Nr. 117 in Mainz

25. Division 50. Infanterie Brigade Infanterie-Regiment „Prinz Carl" (4. Großherzoglich Hessisches) Nr. 118 in Worms

25. Division 1. Großherzoglich Hessisches Feldartillerie-Regiment Nr. 25 in Darmstadt

25.Division 25.Kavallerie-Brigade Garde-Dragoner-Regiment (1. Großherzoglich Hessisches) Nr. 23 in Darmstadt

25.Division 25.Kavallerie-Brigade Leib-Dragoner-Regiment (2. Großherzoglich Hessisches) Nr. 24 in Darmstadt

Fußartillerie-Regiment „General-Feldzeugmeister" (Brandenburgisches) Nr. 3 in Mainz

TITOLI PUBBLICATI - ALREADY PUBLISHING

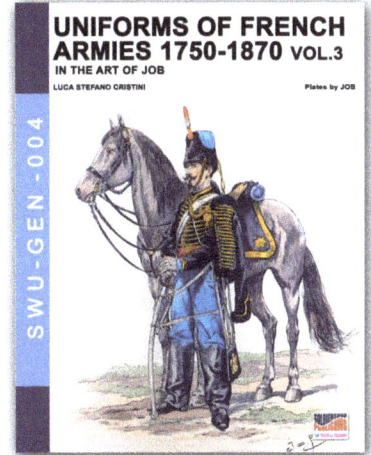
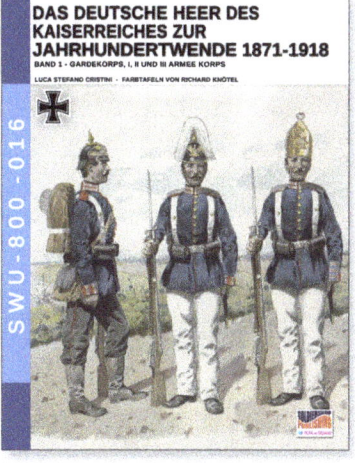

www.ingramcontent.com/pod-product-compliance
Lightning Source LLC
LaVergne TN
LVHW070528070526
838199LV00073B/6725